PERSÉE,

TRAGEDIE

REPRESENTÉE
PAR L'ACADEMIE ROYALE
DE MUSIQUE.
Le dix-septiéme Avril 1682.

de Lully

On la vend
A PARIS,
A l'Entrée de la Porte de l'Academie Royale de Musique,
au Palais Royal, ruë Saint Honoré.
Imprimée aux despens de ladite Academie.
Par CHRISTOPHE BALLARD, seul Imprimeur du
Roy pour la Musique.

M. DC. LXXXII.
Avec Privilege de Sa Majesté.

ACTEVRS DV PROLOGVE.

LA VERTV.
PHRONIME, *Suivant de la Vertu.*
MEGATHYME, *Autre Suivant de la Vertu.*
Troupe de Suivants de la Vertu.
Troupe de Suivantes de la Vertu.
L'INNOCENCE.
Les Plaisirs innocents.
La FORTVNE,
La MAGNIFICENCE.
L'ABONDANCE.
Troupe de Suivants de la Fortune.
Troupe de Suivantes de la Fortune.

PROLOGUE.

Le Theatre represente un Boccage.

PHRONIME & MEGATYME.

PHRONIME.

La Vertu veut choisir ce lieu pour sa
  retraite ;
C'est un heureux séjour, tout y plaist à
  mes yeux.

MEGATHYME.

La Vertu fait trouver dans les plus tristes lieux
Vne felicité secrete.

PHRONIME.

Sans la Vertu, sans son secours,
On n'a point de bien veritable.
Elle est est toûjours aimable,
Il faut l'aimer toûjours.

PROLOGUE.
MEGATHYME.

Elle éternise la memoire
D'un Heros qui la suit,
La gloire où la Vertu conduit
Est la parfaite gloire.

PHRONIME & MEGATHYME.

Suivons par tout ses pas.
On ne peut la connaistre
Sans aimer ses appas.
Le Bonheur ne peut estre
Où la Vertu n'est pas.

La Vertu s'avance au milieu d'une Troupe de Suiv[ans] & de Suivantes. L'Innocence & les Plaisirs inno[cens] accompagnent la Vertu.

PHRONIME, MEGATHYME, & le CHOE[UR].

O! Vertu charmante?
Vostre empire est doux.
Avec vous, tout nous contente
On n'est point heureux sans vous.
O! Vertu charmante!
Vostre empire est doux.

LA VERTU.

Ne vous abusez point par une vaine attente:
On n'a pas aisément les prix que je presente;
Ils coustent mille efforts, ils font mille Ialoux.

PROLOGUE.

L'inconstante Fortune à me nuire est constante ;
Lorsque l'on suit mes pas on s'expose à ses coups :
    On trouve en son fatal couroux
    Vne Hydre toûjours renaissante.

MEGATHYME.

Avec vous rien n'espouvante.

PHRONIME.

On n'est point heureux sans vous.

MEGATHYME PHRONIME & le CHOEUR.

    O ! Vertu charmante !
    Vostre empire est doux.

LA VERTU.

Fuyons de la Grandeur la pompe embarassante.
La retraite a des biens dont la douceur enchante,
    Et qui sont reservez pour nous :
Iouïssons du bonheur d'une vie innocente.
    C'est le bien le plus grand de tous.

MEGATHYME, PHRONIME, & le CHOEVR.

    O ! Vertu charmante !
    Vostre empire est doux.
    Avec vous, tout nous contente,
    On n'est point heureux sans vous.
    O ! vertu charmante !
    Vostre empire est doux.

PROLOGUE.

L'Innocence, les Plaisirs innocens, & toute la suite de la vertu témoignent leur joye en dansant & en chantant.

PHRONIME, & MEGATHYME.

La Grandeur brillante
Qui fait tant de bruit,
N'a rien qui nous tente;
Le Repos la fuit,
Malheureux qui la suit.
Fortune volage!
Laissez-nous en paix;
Vous ne donnez jamais
Qu'un pompeux esclavage:
Tous vos biens n'ont que de faux attraits.
Dans un doux azile
Nous bornons nos vœux;
Nostre sort est tranquile,
C'est un bien qui doit nous rendre heureux.

La Vertu couronne
Ses Amants constants:
Heureux qui luy donne
Ses soins, & son temps:
Ses vœux seront contents.
Fortune volage!
Laissez-nous en paix!
Vous ne donnez jamais

PROLOGUE.

Qu'un pompeux esclavage ;
Tous vos biens n'ont que de faux attraits.
Dans un doux azile
Nous bornons nos vœux !
Nostre sort est tranquile,
C'est un bien qui doit nous rendre heureux.

Le lieu Champestre que la Vertu a choisy pour retraite, est tout à coup embelly d'ornements magnifiques. On voit sortir de terre un Parterre de Fleurs, deux rangs de Statuës, des Berceaux dorez, & des Fontaines jallissantes

LA VERTU.

Qui nous fait voir icy tant de magnificence ?
C'est la Fortune qui s'avance

On entend le bruit éclatant d'un grand nombre d'Instruments. La Fortune s'aproche, l'Abondance & la Magnificence l'accompagnent, avec une suite richement parée. Tout se réjouit & tout danse autour de la Fortune.   ## LA VERTU.

Me cherchez-vous quand je vous fuis ?
Fortune, je sçay trop que vous m'estes contraire.
Non, ce n'est pas un soin qui vous soit ordinaire
D'embellir les lieux où je suis.

LA FORTUNE.

Effaçons du passé la memoire importune,
J'ay toûjours contre vous vainement combattu :
Vn auguste Heros ordonne à la Fortune
D'estre en paix avec la Vertu.

PROLOGUE.
LA VERTU.

Ah ! je le reconnoy sans peine,
C'est le Heros qui calme l'Univers.

LA FORTUNE.

Luy seul, pour vous, pouvoit vaincre ma haine,
Il vous revere, & je le sers.

Je l'aime constamment, moy qui suis si legere.
Par tout, suivant ses vœux: avec ardeur je cours,
Vous paraissez toûjours severe,
Et vous estes toûjours
Ses plus cheres amours.

LA VERTU.

Mes biens brillent moins que les vostres ;
Vous trouvez tant de cœurs, qui n'adorent que vous:
Vous les enchantez presque tous.

LA FORTUNE.

Vous regnez sur un Cœur qui vaut seul to⁹ les autres.
Ah ! s'il m'eust voulu suivre il eust tout surmonté,
Tout trembloit, tout cedoit à l'ardeur qui l'anime:
C'est vous, Vertu trop magnanime,
C'est vous qui l'avez arresté.

LA VERTU.

Son grand Cœur s'est mieux fait connaistre,
Il a fait sur luy-mesme un effort genereux:
Il veut rendre le Monde heureux ;
Il prefere au bonheur d'en devenir le Maistre,
La gloire de montrer qu'il merite de l'estre.

La

PROLOGUE.
LA VERTU, & LA FORTUNE.

Sans cesse combattons à qui servira mieux,
Ce Heros glorieux.

La Vertu, la Fortune, & les Chœurs.

Les Dieux ne l'ont donné que pour le bien du Monde,
Que ses Travaux sont grands! Que ses Destins sont beaux!
Dans une paix profonde,
Il trouve une source feconde
De Triomphes nouveaux.
Les Dieux ne l'ont donné que pour le bien du Monde.

LA FORTUNE.

Que jusques dans les Jeux tout nous parle de Luy.
Les Dieux qui meditoient leur plus parfait Ouvrage
Autrefois dans Persée en tracerent l'image:
J'obtiendray qu'Apollon le ranime aujourd'huy.

LA VERTU, & LA FORTUNE.

Mille nouveaux Concerts doivent se faire entendre;
Tout promet au Merite un favorable sort.
Quel bien ne doit-on pas attendre
De nostre heureux accord?

La suite de la Vertu, & la suite de la Fortune se réünissent, & témoignent leur joye par leurs Danses, & par leurs Chants.

* *

PROLOGUE.
Une Suivante de la Vertu, & une Suivante de la Fortune chantent ensemble.

Quel heureux jour pour nous !
Tout suit nostre envie :
Quel heureux jour pour nous !
Que nostre sort est doux !
La Vertu voit en paix ceux qui l'ont suivie,
La Fortune pour eux pert son fatal couroux.
Quel heureux jour pour nous !
Tout suit nostre envie :
Quel heureux jour pour nous !
Que nostre sort est doux.
Tous nos jours seront beaux, goustons bien la vie.
Rien ne trouble nos vœux, le Ciel les comble tous.
Quel heureux jour pour nous !
Tout suit nostre envie.
Quel heureux jour pour nous !
Que nostre sort est doux !

La Vertu, la Fortune, & les Chœurs.
Heureuse intelligence,
Douce & charmante Paix,
Comblez nostre esperance.
Douce & charmante Paix
Puissiez-vous durer à jamais.

Fin du Prologue.

ACTEURS
DE LA TRAGEDIE.

CEPHE'E, Roy d'Ethiopie.
CASSIOPE, Reyne, Espouse de Cephée.
MEROPE, Sœur de Cassiope.
ANDROMEDE, Fille vnique de Cephée & de Cassiope.
PHINE'E, Frere de Cephée, à qui Andromede a esté promise.
Troupe de Suivants de Cephée.
Troupe de Suivants de Cassiope.
Troupes d'Ethiopiens & d'Ethiopiennes.
Quadrilles de jeunes Hommes, choisis pour disputer les prix des Ieux Iunoniens.
Quadrille de jeunes Filles choisies pour les mesmes Ieux.
AMPHIMEDON ⎫
CORITE   ⎬ Ethiopiens.
PROTENOR,   ⎭
PERSEE, Fils de Iupiter & de Danaé Amant, d'Andromede.
MERCVRE.
Troupe de Cyclopes.
Troupe de Nymphes Guerrieres de la Suite de Pallas.
Troupe de Diuinitez Infernales.

MEDVSE.
EVRYALE } Les trois Gorgones.
STENONE.
Troupe de Monstres formez du sang de Meduse.
IDAS, Vn des Courtisans de Cephée.
Troupe de Matelots.
Troupe de Matelottes.
Le Grand Prestre du Dieu Hymenée.
Suite du Grand Prestre.
Troupe de Courtisants de Cephée.
Troupe de Combattans du party de Phinée.
Troupe de Combattans du party de Cephée & de Persée.
VENVS.
L'AMOVR
Troupe d'Amours.
L'Hymenée.
Les Graces.
Les Ieux.

PERSE'E,
TRAGEDIE

ACTE PREMIER.

Le Theatre represente une Place publique magnifiquement ornée, & disposée pour y celebrer des Jeux à l'honneur de Junon.

SCENE PREMIERE.
CEPHE'E, CASSIOPE, MEROPE. Suite.

CEPHE'E.

E crains que Junon ne refuse
D'apaiser sa haine pour nous:
Je crains malgré nos vœux que l'affreuse
   Meduse
Ne revienne servir son funeste couroux

A

PERSÉE,
L'Ethiopie, en vain, à mes loix est soûmise;
Quelle esperance m'est permise
Si le Ciel contre Nous veut toûjours estre armé?
Que me sert toute ma puissance?
Contre ce Monstre affreux mon Peuple est sans defense :
Qui le voit, est soudain en Rocher transformé;
Et si Junon que vostre orgueil offense
N'arreste sa vengeance,
Ie serai bien-tost Roy d'un Peuple inanimé.

CASSIOPE.
Heureuse Espouse, heureuse Mere,
Trop vaine d'un sort glorieux,
Ie n'ay pû m'empescher d'exciter la colere
De l'Espouse du Dieu de la Terre & des Cieux.
J'ay comparé ma gloire à sa gloire immortelle.
La Déesse punit ma fierté criminelle;
Mais j'espere fléchir son couroux rigoureux.
J'ordonne les celebres Ieux,
Qu'à l'honneur de Iunon en ces lieux on prepare;
Mon orgueil offensa cette Divinité;
Il faut que mon respect repare
Le crime de ma vanité.

CEPHÉE.
Ie vais avec Persee, implorer l'assistance
Du Dieu dont il tient la naissance.
Il est fils du plus grand des Dieux,

TRAGEDIE.

Apaisez de Iunon la colere fatale;
Ce seroit pour elle en ces lieux
Vn objet odieux
Qu'un fils de sa Rivale.

CASSIOPE.

Par un cruel chastiment,
Les Dieux nous font voir leur haine;
On les irrite aisément,
On les appaise avec peine.

CEPHE'E.

Les Dieux punissent la fierté,
Il n'est point de grandeur que le Ciel irrité,
N'abaisse quand il veut & ne reduise en poudre:
Mais un prompt repentir
Peut arrester la foudre
Toute preste à partir.

MEROPE.

Puissions-nous desarmer le Ciel qui nous menace.

CEPHE'E, CASSIOPE, ET MEROPE.

O Dieux qui punissez l'audace!
Dieux! redoutables Ennemis!
Nous vous demandons grace,
Pardonnnez à des Cœurs soûmis.

A ij

PERSÉE,

SCENE SECONDE.
CASSIOPE, MEROPE.

CASSIOPE.

Phinée est destiné pour espouser ma fille.
    Vous sçavez mes desseins pour vous,
Ma Sœur, par vostre himen, il m'auroit esté doux
    D'unir Persée à ma famille :
Mais je le veux en vain, l'Amour n'y consent pas;
Aux yeux de ce Heros ma fille a trop d'appas.

MEROPE.

    Le Fils de Iupiter l'adore;
    Croyez-vous que je sois encore
      A m'en apercevoir ?
I'y prens trop d'interest pour ne le pas sçavoir.

    Ie goustois une paix heureuse
Avant que ce Heros parut dans cette Cour :
    Par une esperance trompeuse,
Falloit-il me livrer au pouvoir de l'Amour ?

CASSIOPE.

Cachez bien la foiblesse où vostre Cœur s'engage.

MEROPE.

Mon Vainqueur encore aujourd'huy
Ignore de mon cœur le funeste esclavage :

TRAGEDIE.

Ie mourrois de honte & de rage,
Si l'Ingrat connoissoit l'amour que j'ay pour luy.

CASSIOPE.

De chagrin, & de colere,
Vostre cœur est deschiré;
Vous perdez l'espoir de plaire;
Peut-on trop tost se deffaire
D'un amour desesperé?
Appellez le Dépit: que vostre amour luy cede;
Sortez par son secours d'un tourment si fatal.

MEROPE.

Le triste secours qu'un remede
Plus cruel encor que le mal!

CASSIOPE.

Pour prendre soin des Ieux, il faut que je vous quitte;
Par mes conseils vostre douleur s'irrite.

CASSIOPE ET MEROPE.

Le Temps seul peut guerir
Les maux que l'Amour fait souffrir.

SCENE TROISIESME.

MEROPE Seule.

AH! je garderay bien mon cœur,
Si je puis le reprendre.

Venez, juste Dépit, venez, c'est trop attendre,
Brisez des fers pleins de rigueur :
Hastez-vous de me rendre
De mon premier repos la charmante douceur.
Ah ! je garderay bien mon cœur,
Si je puis le reprendre.
Helas ! mon cœur soûpire ; & ce soûpir trop tendre
Va, malgré mon dépit, rappeller ma langueur :
L'Amour est toûjours mon vainqueur,
Et si je veux en vain m'en deffendre.
Ah ! j'ay trop engagé mon cœur,
Ie ne puis le reprendre.

Andromede vient voir les Ieux,
Phinée avec elle s'avance :
L'espoir de leur hymen flate encore mes vœux,
Et c'est ma derniere esperance.

SCENE QVATRIESME.

MEROPE, ANDROMEDE, PHINE'E.

ANDROMEDE ET PHINE'E.

Croyez-moy, croy-moy,
Andromede. ⎱ Cessez de craindre.
Phinée. ⎰ Cessez de feindre.

TRAGEDIE.
ANDROMEDE.
Ie veux vous aimer, je le doy.
PHINE'E.
Vous ne m'aimez pas, je le voy.
Andromede. ⎰ *Cessez de craindre.*
Phinée.   ⎱ *Cessez de feindre.*
ANDROMEDE ET PHINE'E.
Croyez-moy.   Croyez-moy.
MEROPE.
Vous estes tous deux aimables,
Et vous vous aymez tous deux:
Quels differends sont capables
De rompre de si beaux nœuds?
Que ne souffriront point les Amants miserables,
Si l'Amour a des maux pour les Amants heureux?
ANDROMEDE.
Sans raison son chagrin éclate.
PHINE'E.
Perdray-je sans chagrin mon espoir le plus doux?
Condamnez une Ingrate.
ANDROMEDE.
Condamnez un Amant jaloux.
PHINE'E.
Persée a sçeu luy plaire, & d'une vaine excuse
Elle veut éblouïr mon amour outragé.

PERSE'E,
Elle m'aimoit, non, je m'abuse,
Non, puis qu'elle a si tost changé,
Iamais son cœur pour moy ne fut bien engagé.

ANDROMEDE.
Le Devoir sur mon cœur vous donne un juste empire,
Vous ne devez pas craindre un changement fatal:
Vn Amant asseuré du bon-heur qu'il desire
Peut-il estre Ialoux d'un mal heureux Rival?

PHINE'E.
Non, je ne puis souffrir qu'il partage une chaîne
  Dont le poids me paraist charmant:
Quand vous l'accableriez du plus cruel tourment,
  Ie serois jaloux de sa peine.
Mais il ne fait point voir de dépit esclattant?
S'il est si mal-heureux, sa constance m'estonne:
  L'Amour que l'espoir abandonne
  Est moins tranquile & moins constant.

ANDROMEDE.
Quel plaisir prenez vous à vous troubler vous-mesme?
Et dequoy vostre amour peut-il estre allarmé?
Ie fuis vostre Rival avec un soin extrême:
  A-t'on accoustumé
  De fuir ce que l'on aime?

PHINE'E.
Vous suivez à regret la Gloire, & le Devoir
En fuyant un Amant à vos yeux trop aimable.

Vous

TRAGEDIE.

Vous l'avez trouvé redoutable,
Puisque vous craignez de le voir.

ANDROMEDE.

Tout vous fait peur, tout vous irrite,
Vous m'aprenez à craindre un Heros glorieux.
   Ie ne veux point voir son merite,
Vostre importun soupçon veut-il m'ouvrir les yeux.

PHINE'E.

Ah! si vous le flatiez de la moindre esperance;
Le Dieu qu'il vous fait croire autheur de sa naissançe
   Dût-il faire éclater son foudroyant couroux,
Ne le sauveroit pas de mon transport jaloux.

ANDROMEDE.

Juste Ciel!

PHINE'E.

Vous tremblez? Persée a sçeu vous plaire
   Si son peril peut vous troubler?

ANDROMEDE.

   Le Ciel n'est que trop en colere,
Et vous bravez un Dieu qui peut vous accabler,
   C'est pour vous que je dois trembler.

PHINE'E.

Ne vous servez point d'artifice.

ANDROMEDE.

Ne me faites point d'injustice.

B

PERSE'E,
Ie veux vous aimer, je le doy.
PHINE'E.
Vous ne m'aimez pas, je le voy.
ANDROMEDE ET PHINE'E.
Andromede. ⎫ Cessez de craindre.
Phinée. ⎭ Cessez de feindre.
ANDROMEDE ET PHIN·E'E,
Croyez-moy, croyez-moy.
MEROPE.
Il craint autant qu'il aime,
Vous devez l'excuser.
L'amour extrême
Sert d'excuse luy-mesme
Aux craintes qu'il a sçeu causer.
MEROPE, ANDROMEDE ET PHINE'E.
Ah! que l'Amour cause d'allarmes!
Ah! que l'Amour auroit d'attraits,
S'il ne troubloit jamais
La douceur de ses charmes!
Ah! que l'Amour auroit d'attraits,
Si l'on aimoit toûjours en paix!
ANDROMEDE.
Mon devoir est pour vous, mon devoir peut suffire
A vous faire un tranquile espoir.
PHINE'E.
Ne ferez-vous jamais parler que le Devoir?

TRAGEDIE.
L'Amour n'a-t'il rien à me dire?
ANDROMEDE.
Les Ieux vont commencer plaçons-nous pour les voir.

SCENE CINQVIESME.

CASSIOPE, ANDROMEDE, MEROPE, PHINE'E, Troupe de Suivants de Cassiope qui portent les Prix, Quadrilles de jeunes Personnes choisies pour les Jeux, Chœur de Spectateurs.

CASSIOPE.

O *Junon! puissante Déesse!*
Qu'on ne peut assez reverer!
J'assemble en vostre nom, cette aimable Ieunesse
Que le flambeau d'Hymen doit bien-tost esclairer.
Chacun va montrer son adresse
Pour disputer les prix que j'ay fait preparer.
Ne gardez pas pour nous une haine implacable :
Si l'orgueil me rendit coupable,
Ie reconnoy mon crime & veux le reparer;
Voyez d'un regard favorable
Les Ieux qu'en vostre honneur nous allons celebrer.

LE CHOEUR.

Laissez calmer vostre colere?
O Iunon! exaucez nos vœux?
Si nous pouvions vous plaire,
Que nous serions heureux!

B ij

On commence les Jeux en disputant le Prix de la Danse.

SCENE SIXIESME.

AMPHIMEDON, CORITE, PROTENOR,
& les mesmes Acteurs de la Scene precedente.

AMPHIMEDOR.

Fvyons, nos vœux sont vains, & Iunon les refuse.
De nouveaux Malheureux en Rochers convertis,
Ne nous ont que trop avertis
Qu'ils ont veu paraistre Meduse.

CORITE.

Meduse revient dans ces lieux.

PROTENOR.

Gardons-nous de la voir, la mort est dans ses yeux.

Tous ensemble en fuyant.

Fuyons ce Monstre terrible.
Sauvons-nous, s'il est possible;
Sauvons-nous, hastons nos pas,
Fuyons un affreux trépas.

Fin du premier Acte.

ACTE SECOND.

Le Theatre change, & represente les Jardins du Palais de Cephée.

SCENE PREMIERE.

CASSIOPE, MEROPE, PHINE'E.

Aut-t'il que contre nous tout le Ciel s'interesse?
Dieux! ne puis-je esperer de vous fléchir jamais?

PHINE'E.

J'ay conduit icy la Princesse.

MEROPE.

Persée a ramené le Roy dans ce Palais.

PERSE'E,
PHINE'E.

Meduse se retire, elle nous laisse en paix.
CASSIOPE.
Elle peut revenir, elle peut nous surprendre,
Iunon s'obstine à se vanger;
Contre elle aucun des Dieux n'a soin de nous defendre;
Mon seul espoir est d'engager
Iupiter à nous proteger.
PHINE'E.
Ie vous entends, je sçay quelle est vostre esperance.
Persé a beau vanter sa divine naissance,
Aprés vostre promesse, aprés le choix du Roy,
Andromede doit estre à moy.
CASSIOPE.
Le Ciel punit mon crime, il est inexorable,
I'ay besoin de secours dans un mortel effroy.
PHINE'E.
Ah! si le Ciel est équitable,
Vous trouveroit-t'il moins coupable
Si vous m'aviez manqué de foy.
MEROPE.
Il est aimé de ce qu'il aime,
Vous avez aprouvé ses vœux;
Briserez-vous des nœuds

TRAGEDIE.

Que vous avez formez vous-mesme?
Que le desespoir est affreux
Pour un amour extréme
Qui s'estoit flaté d'estre heureux!

PHINE'E & MEROPE.

Briserez-vous des nœuds
Que vous avez formez vous-mesme.

SCENE SECONDE.

CEPHE'E, PHINE'E, CASSIOPE, Suite.

PHINE'E.

SEigneur vous m'avez destiné
  A l'Himen fortuné
De l'aimable Andromede.
A l'Amour de Persée on veut que je la cede;
M'osterez-vous un bien que vous m'avez donné.

CEPHE'E.

Au Fils de Iupiter on peut ceder sans honte.

PHINE'E.

Et croyez-vous aussi la Fable qu'il raconte?
  Croyez-vous qu'un Dieu souverain
  Qui sur tout l'Vnivers preside,
Se laissa par l'Amour changer en or liquide.

Pour entrer en secret dans une Tour d'airain?
Par ce prodige imaginaire,
Persée est reveré du credule vulgaire;
Il se dit Fils du Dieu dont le Ciel suit la loy,
Mais je ne pretens pas l'en croire sur sa foy.

CEPHE'E.

Vostre incredulité n'aura donc plus d'excuse,
Mon Frere, sa valeur va vous ouvrir les yeux;
Reconnoissez le Fils du plus puissant des Dieux,
Il offre de couper la Teste de Meduse.

MEROPE, CASSIOPE, & PHINE'E.

La Teste de Meduze! ô Cieux!

CEPHE'E.

Ma Fille est le prix qu'il demande.

CASSIOPE & CEPHE'E.

Quel prix peut trop payer cét effort glorieux.

PHINE'E.

Le succés n'est pas seur, souffrez que je l'attende;
Souffrez que cependant mon amour se deffende
D'abandonner un bien si precieux;
Persée encor n'est pas victorieux.

TRAGEDIE.

SCENE TROISIE'ME.
CEPHE'E, CASSIOPE, MEROPE.

CEPHE'E.

L'Espoir dans nos cœurs doit renaistre.
Dieux que Iunon engage à servir son couroux,
    Dieux irritez, apaisez-vous?
La vengeance du Ciel n'a que trop sçeu paraistre,
Le Fils de Iupiter veut combatre pour nous,
O Ciel ; favorisez le Fils de vostre Maistre.

Ils repetent ensemble les deux derniers Vers.

SCENE QVATRIE'ME.

MEROPE Seule.

HElas! il va perir! doi-je en trembler? pourquoy
Pour l'Amant d'Andromede ai-je pris tant
    d'effroy?
    Faut-t'il que mon dépit s'oublie?
    Quel interest ai-je à sa vie?
Il vivroit pour une autre, il est perdu pour moy.
Cependant quand je songe à son peril extréme,
Quand je le voy chercher un horrible trépas,
    Sans songer qu'il ne m'aime pas,
    Ie sens seulement que je l'aime.

C

SCENE CINQVIE'ME.

ANDROMEDE, MEROPE.

ANDROMEDE resvant.

INfortunez, qu'un Monstre affreux
A changez en Rochers par ses regards terribles,
Vous ne ressentez plus vos destins rigoureux,
Et vos cœurs endurcis sont pour jamais paisibles:
  Helas! les cœurs sensibles
 Sont mille fois plus malheureux.

MEROPE à part.

Andromede semble interdite,
Elle vient resver en ces lieux:
Ah! je reconnoy dans ses yeux
Le mesme trouble qui m'agite.

ANDROMEDE resvant.

Il ne m'aime que trop, & tout me sollicite
  De l'aimer à mon tour:
C'est du plus grand des Dieux qu'il a receu le jour,
Dans nos perils mortels l'Amour le precipite,
Le moyen de tenir contre tant de merite?
  Et contre tant d'amour?

TRAGEDIE.
MEROPE.

Ah! vous aimez Persée, il cause vos allarmes ;
N'en desavoüez point vos larmes,
Vos tendres sentiments se sont trop exprimez.
Vous l'aimez.

ANDROMEDE.

Vous l'aimez.

L'espoir de son Himen avoit charmé vostre ame,
Et je sçay les projets que vous aviez formez :
Ie voy que le dépit n'esteint pas vostre flâme,
Persée est en peril, & vous vous allarmez,
Vous l'aimez.

MEROPE.

Vous l'aimez.

ANDROMEDE & MEROPE.

Ah! qu'un tendre Cœur est à plaindre
D'estre reduit à feindre!
Quel tourment ne fait point souffrir
Vn malheureux amour que l'on ne peut esteindre,
Et que l'on n'ose découvrir?
Ah! qu'un tendre Cœur est à plaindre
D'estre reduit à feindre!

MEROPE.

Il est vray, le dépit veut en vain m'animer,
Ie sens que la pitié desarme ma colere ;
Persée est un Ingrat qui ne me peut aimer,
Il n'a pas laissé de me plaire.

C ij

PERSE'E,
Il vous a trop aimée! helas!
Comment ne l'aimeriez-vous pas?

ANDROMEDE.

L'amour qu'il a pour moy l'engage
A chercher à se perdre avec empressement;
Ne me reprochez point ce funeste avantage,
Ie le payeray cherement.

MEROPE.

Vnissons nos regrets, le mesme amour nous lie;
Qu'importe à qui de nous Persée offre ses vœux?
Nous l'allons perdre toutes deux,
Son peril nous reconcilie.

ANDROMEDE & MEROPE.

Ce Heros s'expose pour nous:
Sa perte est infaillible!
Ha! qu'il vive, s'il est possible,
Quand il vivroit pour vous.

ANDROMEDE.

Il faut que mon amour se cache & se trahisse ...
O Ciel! il va partir! il me cherche en ces lieux.

MEROPE.

Ie veux m'espargner le supplice
D'estre tesmoin de vos adieux.

TRAGEDIE.

SCENE SIXIE'ME.
PERSE'E, ANDROMEDE.
PERSE'E.

BElle Princesse, enfin, vous souffrez ma presence.
ANDROMEDE.
Seigneur, on me l'ordonne, & je suis mon devoir.
PERSE'E.
Vous voulez me faire sçavoir
Que je ne doy ce bien qu'à vostre obeïssance.
N'importe, rien ne peut esbranler ma constance :
I'ay sçeu jusqu'à ce jour vous aimer sans espoir ;
Ie vais avec plaisir prendre vostre deffense,
    Quand je n'aurois pour recompense
Que la seule douceur que je sens à vous voir.
ANDROMEDE.
Non, ne vous flatez pas, je veux ne vous rien taire ;
Vous m'aimez vainement. Phinée a sçeu me plaire :
    Il est choisi pour estre mon Espoux ;
Nos deux Cœurs sont unis, quel prix esperez-vous
    D'une Entreprise dangereuse ?
Quand vous seriez vainqueur, vostre ame est genereuse,
Et vous ne voudrez pas rompre des nœuds si doux ?

PERSE'E.

Ie seray malheureux, desesperé, jaloux,
Mais je mourray content si vous vivez heureuse.

ANDROMEDE.

O Dieux!

PERSE'E.

De mes regards vos beaux yeux sont blessez,
Vous souffrez à me voir, mon amour vous outrage:
Ie vais chercher Meduse, & je vous aime assez,
Pour ne vous pas contraindre à souffrir davantage.

ANDROMEDE.

Quoy, pour jamais vous me quittez?
Persée, arrestez, arrestez.

PERSE'E.

Qu'entend-je! ô Cieux! belle Princesse!
Que voi-je! vous versez des pleurs!

ANDROMEDE.

Ah! par l'excés de mes douleurs
Connoissez s'il se peut l'excés de ma tendresse?
Voyez à quoy j'avois recours
Pour vous oster l'ardeur qui vous fait entreprendre
Vn Combat funeste à vos jours?
Helas! que n'ai-je pû me rendre
Indigne de vostre secours!
Que n'estes-vous moins magnanime!
Meduse d'un regard porte un trépas certain.

TRAGEDIE.
PERSE'E.
Vous pourriez estre sa victime.
ANDROMEDE.
Tout l'effort des Mortels contre elle seroit vain.
PERSE'E.
Le Fils de Jupiter, lors que l'Amour l'anime,
Doit aller au delà de tout l'effort humain.
ANDROMEDE.
Par les frayeurs d'un amour tendre
Ne serez-vous point desarmé?
PERSE'E.
J'ignorois vostre amour, & j'allois vous deffendre;
Puis-je à vous secourir estre moins animé;
Quand je sçay que je suis aimé?
ANDROMEDE.
Quoy, vous partez?
PERSE'E.
L'Amour m'appelle.
ANDROMEDE.
Vous mesprisez mes pleurs! mes cris sont superflus?
PERSE'E.
Vous me verrez comblé d'une gloire immortelle...
ANDROMEDE.
Helas! nous ne vous verrons plus!

PERSE'E,
PERSE'E & ANDROMEDE.
Ah! voſtre peril eſt extrême!
Ie voy voſtre danger, je ne voy pas le mien.
Dieux! ſauvez ce que j'aime?
Et pour moy-meſme
Ie ne demande rien.
Dieux! ſauvez ce que j'ayme?

SCENE SEPTIE'ME.
MERCURE, PERSE'E.

MERCURE ſortant des Enfers.

PErſée, où courez-vous? qu'allez-vous entreprendre?

PERSE'E.
Vn Peuple infortuné m'engage à le deffendre,
C'eſt à la gloire que je cours.
Si je meurs, mon trépas ſera digne d'envie,
Ie laiſſe le ſoin de mes jours
Au Dieu qui m'a donné la vie.

MERCURE.
Ce Dieu juſte & puiſſant favoriſe vos vœux,
Et c'eſt par ma voix qu'il s'explique;
Il reconnoiſt ſon ſang à l'effort genereux
Que vous allez tenter d'une ardeur heroïque
Pour ſecourir des Malheureux,

Mais

TRAGEDIE.

Mais ce n'est point en temeraire
Qu'il faut dans le peril precipiter vos pas :
L'assistance des Dieux vous sera necessaire,
Ils veulent vous l'offrir ne la negligez pas.
  Ie viens d'aprendre à toute la Nature,
   Que Iupiter s'interesse en vos jours ;
La jalouse Iunon vainement en murmure,
Et tout, jusqu'aux Enfers, vous promet du secours.

SCENE HVITIE'ME..

MERCURE, PERSE'E, Troupe des Cyclopes.

Des Cyclopes viennent en dansant donner à Persée de la part de Vulcain, une Espée, & des Talonnieres ailées semblables à celles de Mercure.

Vn des Cyclopes

C'Est pour vous que Vulcain de ses mains immortelles,
A forgé cette Espée & preparé ces Ailes.
  Hastez-vous de vous signaler
   Par une celebre victoire,
  Chacun doit aller à la gloire,
  Mais un Heros y doit voler.

SCENE NEVFIE'ME.

MERCVRE, PERSE'E, Troupe de Cyclopes, Troupe de Nymphes Guerrieres.

Vne des Nymphes Guerrieres presente à Persée de la part de Pallas un Bouclier de Diamant, elle chante en luy faisant ce present, & les autres Nymphes Guerrieres dansent.

Vne Nymphe Guerriere.

LE plus vaillant Guerrier s'abuse
D'oser tout esperer de l'effort de son bras.
Si vous voulez vaincre Meduse,
Portez le Bouclier de la sage Pallas.

Que la Valeur & la Prudence
Quand elles sont d'intelligence,
Achevent d'Exploits glorieux!
Le Monstre le plus furieux
Leur fait vainement resistance:
La Paix ne peut regner que par leur assistance,
L'Vnivers leur doit son bonheur.
Rien ne peut mieux donner un immortel honneur
Que la Valeur & la Prudence,
Quand elles sont d'intelligence.

TRAGEDIE.

SCENE DIXIE'ME.

MERCVRE, PERSE'E, Troupe de Cyclopes, Troupe de Nymphes Guerrieres, Troupe de Divinitez infernales.

Les Divinitez Infernales sortent des Enfers, & apportent le Casque de Pluton qu'elles presentent à Persée. Vne de ces Divinitez chante, & les autres dansent.

Vne Divinité Infernale.

CE Casque vous est presenté
Au nom du Souverain de l'Empire des Ombres.
Au milieu du peril pour vostre seureté,
Il répandra sur vous l'espaisse obscurité
   Qui regne en nos Demeures sombres.

Ce Don misterieux doit aprendre aux Humains
Comme on peut s'assurer d'un succés favorable;
   Il faut cacher de grands desseins
   Sous un secret impenetrable.

D ij

MERCURE, & les Chœurs des Cyclopes, des Nymphes Guerrieres, & des Divinitez Infernales.

Que l'Enfer, la Terre, & les Cieux,
Que tout l'Vnivers favorise
Vostre genereuse Entreprise.
Que l'Enfer, la Terre & les Cieux,
Que tout l'Vnivers favorise
Le Fils du plus puissant des Dieux.

MERCVRE.

Vostre conduite à mes soins est commise,
L'impatience éclate dans vos yeux.
La gloire qui vous est promise
Ne peut plus souffrir de remise;
Suivez-moy, partons de ces lieux.

Mercure & Persée volent, & les Chœurs chantent.

Que l'Enfer, la Terre & les Cieux,
Que tout l'Vnivers favorise
Le Fils du plus puissant des Dieux.

Fin du second Acte.

ACTE III.

Le Theatre change, & represente l'Antre des Gorgones.

SCENE PREMIERE.

MEDVSE, EVRYALE, STENONE.

MEDVSE.

J'Ay perdu la beauté qui me rendit si vaine :
    Ie n'ay plus ces Cheveux si beaux
    Dont autrefois le Dieu des Eaux
Sentit lier son cœur d'une si douce chaîne.
    Pallas la barbare Pallas
    Fut jalouse de mes appas,
Et me rendit affreuse autant que j'estois belle :

Mais l'excés eſtonnant de la difformité
    Dont me punit ſa cruauté,
    Fera connaiſtre en dépit d'elle
    Quel fut l'excés de ma beauté.
Ie ne puis trop montrer ſa vengeance cruelle :
Ma Teſte eſt fiere encor d'avoir pour ornement
    Des Serpens dont le ſifflement
    Excite une frayeur mortelle.

Je porte l'épouvante & la mort en tous lieux ;
Tout ſe change en Rocher à mon aſpect horrible :
Les traits que Jupiter lance du haut des Cieux
    N'ont rien de ſi terrible
    Qu'un regard de mes yeux.

Les plus grands Dieux du Ciel, de la Terre & de
    l'Onde,
Du ſoin de ſe vanger ſe repoſent ſur moy :
Si je pers la douceur d'eſtre l'amour du Monde,
J'ay le plaiſir nouveau d'en devenir l'effroy.

MEDUSE, EURYALE & STENONE.

    O ! le doux employ pour la Rage !
    De cauſer un affreux ravage !
        Heureuſe la Fureur
    Qui remplit l'Vnivers d'horreur !

TRAGEDIE.

Les trois Gorgones entendent un doux Concert.
MEDUSE, EURYALE & STENONE.

Dans ce triste sejour qui peut nous faire entendre
  Le doux bruit qui nous vient surprendre!
Iamais icy Mortel avec impunité
  Ne porta sa veuë indiscrete.
  Quels concerts! quelle nouveauté!
  Qui peut chercher l'horreur secrete
  De nostre fatale Retraite ?
C'est Mercure qui vient dans cét Antre escarté.

SCENE SECONDE.
MERCVRE, MEDVSE, EVRYALE, & STENONE.
MEDVSE.

MOn terrible secours vous est-t'il necessaire ?
De superbes Mortels osent-t'ils vous déplaire?
Faut-t'il vous en vanger ? faut-il armer contre eux
Le funeste couroux de mes Serpens affreux ?
  Où faut-il que ma fureur vole?
Vous n'avez qu'à nommer l'Empire malheureux
  Que vous voulez que je desole.
MERCURE.
  C'est tousiours mon plus cher desir
De voir tout l'Vnivers dans une paix profonde.
Ne vous lassez-vous point du barbare plaisir
  De troubler le repos du monde?

PERSE'E,
MEDUSE.

Puis-je causer jamais des malheurs assez grands
Au gré de la fureur qui de mon cœur s'empare ?
C'est des Dieux cruels que j'aprens
A dévenir barbare.

MERCURE.

Il est vray qu'un fatal couroux
A trop éclaté contre vous ;
Vous n'avez eû que trop de charmes.
Sans Pallas, sans ses rigueurs,
Vous n'auriez troublé les Cœurs
Que par de douces allarmes.

MEDUSE.

Que sert-t'il de m'entretenir
D'un bien trop tost passé qui ne peut revenir ?
Ie n'en ressens que trop la perte irreparable ;
Ah ! quand on se trouve effroyable.
Que c'est un cruel souvenir
De songer que l'on fût aimable !

MERCURE.

Ie ne puis dans vostre malheur
Vous offrir qu'un sommeil paisible.

MEDUSE.

Avec une vive douleur
Le repos est incompatible.

MERCURE

TRAGEDIE.
MERCURE.

O! tranquile sommeil, que vous estes charmant!
Que vous faites sentir un doux enchantement
   Dans la plus triste solitude!
Vostre divin pouvoir calme l'inquietude:
Vous sçavez adoucir le plus cruel tourment.
O tranquile sommeil, que vous estes charmant!

MERCURE parlant aux Gorgones.

Ioüissez du repos dans ce lieu solitaire.

LES GORGONES.

Non, ce n'est que pour la colere
Que nos cœurs malheureux sont faits:
Non, le repos ne peut nous plaire,
Nous y renonçons pour jamais.
Non, ce n'est que pour la colere
Que nos cœurs malheureux sont faits.

MERCURE touchant les trois Gorgones de son Caducée.

Il faut ceder, il faut vous rendre
Au charme qui va vous surprendre.

LES TROIS GORGONES.

Il faut nous rendre malgré-nous,
Au charme d'un sommeil trop doux.

Les Trois Gorgones s'endorment.

SCENE TROISIE'ME.

PERSE'E, MERCVRE, LES GORGONES endormies.

MERCURE.

PErsée, aprochez-vous, Meduse est endormie.
  Avancez, sans bruit, surprenez,
  Vne si terrible Ennemie.
Si vous osez la voir, c'est fait de vostre vie.

PERSE'E.

Ie suivray les conseils que vous m'avez donnez.

MERCURE.

Ie vous laisse au milieu d'un peril redoutable.
  Je ne puis plus rien pour vos jours.
  Cherchez vostre dernier secours
  Dans un courage inébranlable.

PERSE'E.

  Vn prix qui me doit charmer
  M'est offert par la Victoire :
  Quel peril peut m'allarmer ?
   L'Amour & la Gloire
  S'unissent pour m'animer.

TRAGEDIE.

Mercure se retire, Persée tenant son Bouclier devant ses yeux, aproche de Meduse, il luy coupe la Teste; & la cache dans vne Escharpe pour l'emporter avec luy.

SCENE QVATRIE'ME.
PERSE'E, LES GORGONES.
PERSE'E.

LE Monde est delivré d'un Monstre si terrible,
  Le Ciel s'est servy de mon bras...

Euryale & Stenone s'éveillent au bruit de la voix de Persée, & courent à l'endroit où elles l'ont entendu parler.

Tu fais perir Meduse? Ah! Traistre, tu mourras.
  Qu'il meure d'un trépas horrible.

Les deux Gorgones veulent attaquer Persée, mais la vertu secrete du Casque qu'il porte les empéche de le voir.

  Mais qui peut le rendre invisible?
Meduse aprés sa mort trouble encore l'Vnivers.
C'est son sang qui produit tant de Monstres divers.

Chrysaor, Pegase, & plusieurs autres Monstres de figure bizarre & terrible, se forment du sang de Meduse. Chrysaor & Pegase volent, quelques-uns des autres Monstres s'eslevent aussi dans l'air, quelques autres rampent, les autres courent, & tous cherchent Persée qui est caché à leurs yeux par la vertu du Casque de Pluton qu'il a sur la teste.

E ij

PERSE'E,
EVRYALE & STENONE.

Monstres, Cherchez vostre victime.
Vangez le sang qui vous anime.
Servez nos fureurs; armez-vous.
Vangeons Meduse, vangeons-nous.

SCENE CINQVIE'ME.

MERCVRE, PERSE'E, EVRYALE,
& STENONE.

MERCVRE.

PErsée, allez, volez, où l'Amour vous appelle.
Gorgones, desormais vous serez sans pouvoir:
Ce lieu n'est pas pour vous un sejour assez noir
Venez dans la Nuit eternelle.

Persée vole, & emporte la teste de Meduse. Les Monstres qui s'efforcent de le suivre, tombent avec Euryale & Stenone dans les Enfers, où Mercure les contraint de descendre.

EVRYALE & STENONE s'abismant.
Des Gouffres profonds sont ouverts:
Ah! nous tombons dans les Enfers.

Fin du troisiéme Acte.

ACTE IV.

Le Theatre change, & represente la Mer, & un Rivage bordé de Rochers.

SCENE PREMIERE.

TROUPES D'ETHIOPIENS, PHINEE & MEROPE.

Troupe d'Ethiopiens.

Ourons, courons tous admirer,
    Le Vainqueur de Meduse.

PHINE'E.

Persée est de retour, chacun court
    l'honnorer;
Et le bonheur public va me desesperer.
Non, non, il n'est plus temps qu'un vain espoir
    m'abuse.

PERSÉE,

Seconde Troupe d'Ethiopiens.
Courons, courons tous admirer
Le Vainqueur de Meduse.

MEROPE.
Allons en secret soûpirer :
Non, je ne puis plus me montrer
Triste comme je suis, interdite & confuse.

Troisiéme Troupe d'Ethiopiens.
Courons, courons tous admirer
Le Vainqueur de Meduse.

SCENE SECONDE.
PHINEE & MEROPE.
PHINEE.

Nous ressentons mesmes douleurs,
Fuyons une foule importune :
D'une plainte commune
Déplorons nos communs malheurs.

MEROPE.
Que l'Amour a pour moy de chagrins & d'allarmes!
Que Persée à mon cœur couste de déplaisirs!
Son départ, ses dangers m'ont fait verser des larmes,
Et son heureux retour m'arrache des soûpirs.

TRAGEDIE.

Persée est revenu, mais c'est pour Andromede.
Pour m'offrir à ses yeux, l'ardeur qui me possede
  M'a fait empresser vainement ;
  Il n'a rien veu que ce qu'il aime,
   Il n'a pas daigné mesme
  S'apercevoir de mon empressement,
  Et tous les soins de mon amour extréme
N'ont pas esté payez d'un regard seulement.

PHINE'E.

Que le Ciel pour Persée est prodigue en miracles !
  Qui n'eust pas crû qu'un Monstre furieux
  M'auroit débarassé d'un Rival odieux ?
   Cependant malgré mille obstacles,
   Mon Rival est victorieux.
   Il s'est fait des routes nouvelles,
   Il a volé pour haster son retour ;
    Et Mercure & l'Amour
Ont pris soin à l'envy de luy prester des ailes.
   Le Peuple croit luy tout devoir ;
On entend de son nom retentir ce Rivage.
Le Roy s'est empressé d'honnorer son courage,
Chacun jusqu'en ces lieux l'est venu recevoir.
Qu'Andromede a paru contente de le voir !
Quel triomphe pour luy ! quel charmant avantage !
   Et pour moy quelle rage !
   Et quel horrible desespoir !

La Mer s'irrite, les flots s'eslevent, & s'étendent sur le Rivage.

PERSE'E,
PHINE'E & MEROPE.

Les Vents impetueux s'eschapent de la chaîne
Qui les forçoit d'estre en repos.
Vne Tempeste soudaine
Sousleve les flots.

Mer vaste, Mer profonde,
Dont les flots sont émeus par les vents en courroux,
Les Cœurs amoureux & jaloux
Sont plus agittez que vostre onde,
Les Cœurs amoureux & jaloux
Sont cent fois plus troublez que vous.

SCENE TROISIE'ME.

IDAS, Troupe d'Ethiopiens, PHINE'E,
& MEROPE.

IDAS, & les Ethiopiens.

O *Ciel inexorable !*
O Malheur deplorable !

PHINE'E & MEROPE à part.

Qui pourroit traverser ces trop heureux Amants!

En parlant aux Ethiopiens.

Doù naissent vos gemissements?

ASID

IDAS.

L'implacable Iunon cause nostre infortune,
Elle arme contre nous l'Empire de Neptune ;
Vn Monstre en doit sortir qui viendra devorer
L'innocente Andromede ;
Et Thetis & ses Sœurs viennent de declarer
Qu'il n'est plus permis d'esperer
De voir finir nos maux sans ce cruel remede.
Les Tritons ont saisi la Princesse à nos yeux ;
Et le pouvoir des Dieux
Nous a rendus tous immobiles.
C'est sur ces Bords qu'au Monstre on la doit exposer:
Pour son secours, Persée en vain veut tout oser,
Ses efforts seront inutiles.
Il faut ceder aux Dieux, il faut ceder au Sort
Dont Andromede est poursuivie.
Croyoit-on voir finir vne si belle vie
Par une si terrible mort ?

Les Ethiopiens se placent sur les Rochers qui bordent le Rivage.

IDAS, & les Ethiopiens.

O sort inexorable !
O malheur deplorable !
Princesse infortunée, helas !
Vous meritiez un sort plus favorable :

F

PERSE'E,
Vous ne meritiez pas
Vn si cruel trépas.
O sort inexorable!
O Malheur deplorable!

PHINE'E.
Les Dieux ont soin de nous vanger;
Le plaisir que je sens avec peine se cache.

MEROPE.
Verrez-vous sans douleur, Andromede en danger?

PHINE'E.
Est-ce à moy que la mort l'arrache?
C'est à Persée à s'affliger.
L'Amour meurt dans mon cœur, la rage luy succede
I'aime mieux voir un Monstre affreux
Devorer l'ingrate Andromede,
Que la voir dans les bras de mon Rival heureux.
Attendons que son sort finisse,
Observons tout d'un lieu plus escarté.

SCENE QVATRIESME.

CEPHE'E, CASSIOPE, Troupe d'Ethiopiens placez sur les Rochers.

CEPHE'E & CASSIOPE sur le Rivage.
A*H! quel effroyable suplice!*
Dieux! ô Dieux! quelle cruauté!

TRAGEDIE.
CEPHE'E.

Ie pers ma fille, helas! le Ciel propice
Me la donna pour ma felicité :
 Aujourd'huy le Ciel irrité
 Veut qu'un Monstre me la raviſſe.
 Ciel! que j'ay toujours respecté,
Ne m'avez-vous long-temps conservé la clarté,
Que pour me faire voir cét affreux sacrifice ?

CEPHE'E & CASSIOPE.
 Ah! quel effroyable suplice!
 Dieux! ô Dieux! quelle cruauté!

CASSIOPE.
 C'est ma funeste vanité,
C'est mon crime, grands Dieux ! qu'il faut que l'on
 puniſſe,
 Ma fille n'en est pas complice,
Et vos foudres vangeurs contre elle ont esclaté!
Dieux! pouvez-vous vouloir qu'Andromede periſſe?
 Sa jeuneſſe, ny sa beauté,
 N'ont-elles rien qui vous fléchiſſe?
La Vertu, l'Innocence, a-t'elle merité
 Les rigueurs de vostre justice?

CEPHE'E & CASSIOPE.
 Ah! quel effroyable suplice!
 Dieux! ô Dieux! quelle cruauté!

Les Tritons & les Nereïdes paraiſſent dans la Mer. Les Tritons environnent Andromede, & l'attachent à un Rocher.

SCENE CINQUIESME.

Troupe de Nereides, Troupe de Tritons, ANDROMEDE, CEPHE'E, CASSIOPE, Troupe d'Ethiopiens,

CEPHE'E.

Que j'expie en mourant un si funeste crime.
CASSIOPE.
Que par pitié s'obtienne une mort legitime.
Cruels, n'attachez-pas ma fille à ce Rocher,
C'est moy qu'il y faut attacher.

CEPHE'E CASSIOPE, & le Chœur des Ethiopiens.

Divinitez des Flots, quel courroux vous anime
Contre une innocente victime?
C'est nostre unique espoir, faut-il nous l'arracher?
Nos vœux, nos pleurs, nos cris, rien ne vous peut toucher.

ANDROMEDE.

Dieux! qui me destinez une mort si cruelle,
Helas! pourquoy me flatiez-vous
De l'espoir d'un destin si doux?

TRAGEDIE.

Vous dont je tiens la vie, & vous Peuple fidelle,
Ioüissez par ma mort d'une paix éternelle:
Ie vais fléchir les Dieux irritez contre nous ;
    Et si ma Mere est criminelle,
C'est moy qui dois calmer le celeste couroux
    Par le sang que j'ay receu d'elle ;
Heureuse de perir pour le salut de tous,
Vn souvenir charmant qu'en mourant je rapelle,
Les appas, les douceurs d'une amour mutuelle,
Sont de mon sort fatal les plus terribles coups:
Le fils de Jupiter eust esté mon espoux,
    Ah! que ma vie eust esté belle!
Dieux! qui me destinez une mort si cruelle,
    Helas! pourquoy me flatiez-vous,
    De l'espoir d'un destin si doux.

Vn Triton.

    Tremblez, superbe Reine ;
Tremblez, Mortels audacieux ;
    Que vostre orgueil aprenne
Combien vostre grandeur est vaine ;
Tremblez, Mortels audacieux ;
Redoutez le couroux des Dieux.

CASSIOPE.

Ah! quelle vengeance inhumaine!

CEPHE'E.

Andromede?

PERSE'E,
CASSIOPE.
Ma Fille?
ANDROMEDE.
O Cieux!
CASSIOPE.
Que les Dieux sont cruels! qu'ils sont ingenieux
A faire ressentir leur haine!
CEPHE'E.
Andromede?
CASSIOPE.
Ma Fille?
ANDROMEDE.
O Cieux!
Le Monstre paraist.
CEPHE'E, CASSIOPE, & les Ethiopiens.
Le Monstre aproche de ces lieux,
Ah! quelle vengeance inhumaine!
Les Nereïdes & les Tritons.
Tremblez, Mortels audacieux,
Redoutez le couroux des Dieux.
ANDROMEDE.
Je ne voy point Persée, & je flatois ma peine
Du triste espoir de mourir à ses yeux.

TRAGEDIE.

CEPHE'E, CASSIOPE, & les Ethiopiens.
Voyez voler ce Heros glorieux.

SCENE SIXIESME.

PERSE'E en l'air, & les mesmes Acteurs sur le Rivage, sur les Rochers, & dans la Mer.

ANDROMEDE.

A *S'exposer pour moy c'est en vain qu'il s'obstine.*
   Persée vole & combat le Monstre.

Les Nereïdes & les Tritons.
Temeraire Persée, arrestez, respectez
   La vengeance divine.

CEPHE'E, CASSIOPE, & les Ethiopiens.
Magnanime Heros, combattez, remportez
   Le prix que l'Amour vous destine.

Les Nereïdes & les Tritons.
Le Fils de Iupiter brave nostre couroux.

Tous ensemble.
Le Monstre expire sous ses coups.

PERSE'E,
THETIS & TRITON.

Iunon a vainement cherché nostre assistance;
Nous nous vantions en vain d'achever sa ven-
  geance;
Et Persée a pour luy des Dieux plus forts que nous.

Les Nereïdes & les Tritons.

Descendons sous les ondes !
Nostre honte se doit cacher;
Allons chercher
Des Retraites profondes.
Descendons sous les ondes.

La Mer s'apaise, les flots s'abaissent, & se retirent.

SCENE SEPTIESME.
PERSE'E, ANDROMEDE, CEPHE'E,
CASSIOPE, & les Æthiopiens.

ANDROMEDE, CASSIOPE, & CEPHE'E.

LE Monstre est mort, Persée en est vainqueur,
Persée est invincible.

Les

TRAGEDIE.

Les Ethiopiens repetent ces deux Vers pendant que Perſée deſlie Andromede.

Le Monſtre eſt mort, Perſée en eſt vainqueur,
Perſée eſt invincible.

CEPHE'E & CASSIOPE.

Quand l'Amour anime un grand Cœur
Il ne trouve rien d'impoſſible.

PERSE'E & ANDROMEDE.

Ah! que voſtre danger me paroiſſoit terrible!

Les Ethiopiens.

Le Monſtre eſt mort, Perſée en eſt vainqueur,
Perſée eſt invincible.

Les Ethiopiens deſcendent des Rochers, & témoignent leur joye en chantant & en danſant. Des Matelots & des Matelottes ſe meſlent dans la réjoüiſſance publique. Vn des Ethiopiens chante au milieu des Matelots qui danſent.

Vn des Ethiopiens.

Noſtre eſpoir alloit faire naufrage,
Nous gouſtons enfin un heureux ſort.
Quel bonheur d'eſchaper à l'orage!
Quel plaiſir d'en retracer l'image
Quand on eſt au Port!

G

CEPHE'E.

Honnorons à jamais le glorieux Heros,
*   Qui vous donne un heureux repos.*
Sa Valeur à son gré fait voler la Victoire:
*   Tour à tour la Terre & les Flots*
*   Sont le Theatre de sa gloire.*
Honnorons à jamais le glorieux Heros,
*   Qui nous donne un heureux repos.*

Andromede, Cassiope & les Ethiopiens, repetent les Vers que Cephée a chantez, & les Matelots & les Matelottes dansent en réjoüissance de la délivrance d'Andromede.

Vn des Ethiopiens.

Que n'aimez-vous
Cœurs insensibles?
Que n'aimez-vous?
Rien n'est si doux.
Non, ne vous vantez pas d'estre invincibles;
Les Dieux, les plus grands Dieux ont aimé tous.

Le Chœur.

Que n'aimez-vous
Cœurs insensibles?
Que n'aimez-vous?
Rien n'est si doux.

TRAGEDIE.

Un des Ethiopiens.

L'Amour n'a plus de traits terribles
Pour un Cœur qui cede à ses coups.

Le Chœur.

Que n'aimez-vous
Cœur insensibles ?
Que n'aimez-vous ?
Rien n'est si doux.

Un des Ethiopiens.

Pour un Amant
Tendre & fidelle,
Pour un Amant,
Tout est charmant.
L'espoir nourrit ses feux, sa chaîne est belle,
Il se fait un plaisir de son tourment.

Le Chœur.

Pour un Amant
Tendre & fidelle,
Pour un Amant,
Tout est charmant.

Un des Ethiopiens.

Heureux un Cœur qu'Amour appelle !
Malheureux, s'il tarde un moment !

PERSE'E,
Le Chœur.

Pour un Amant
Tendre & fidelle,
Pour un Amant,
Tout est charmant.

Fin du quatriéme Acte.

ACTE · V.

Le Theatre change, & represente le lieu preparé pour les Nopces de Persée & d'Andromede.

SCENE PREMIERE.

MEROPE seule.

Mort! venez finir mon destin déplorable.
Ma Rivale joüit d'un sort trop favorable,
Et je souffrirois trop si je ne mourois pas.
Son bonheur m'a rendu le jour insupor-
    table,
La Nuit affreuse du Trépas
Me paraist moins épouvantable.
Mort! venez finir mon destin déplorable.

PERSE'E,

Helas! funeste Mort, Helas!
Pour les Cœurs fortunez, vous estes effroyable,
Mais vos horreurs ont des appas
Pour un Cœur que l'Amour a rendu miserable,
O Mort! venez finir mon destin deplorable.

SCENE SECONDE.

PHINE'E, MEROPE.

PHINE'E.

CE n'est point à des pleurs qu'il faut avoir recours,
Junon veut qu'aujourd'huy je me vange avec elle.
Iris, de son vouloir l'Interprete fidelle,
Vient par son ordre exprés de m'offrir son secours.

MEROPE.

Du secours de Junon que faut-il qu'on espere?
Persée a triomphé deux fois de son couroux.

PHINE'E.

Que ne pourra point sa colere
Vnie à mon transport jaloux?

TRAGEDIE.

Heureux qui peut goûter une douce vengeance!
    C'est l'unique esperance
    Des malheureux Amants.
Pour servir ma fureur, on s'arme en diligence.
Mon Rival n'aura pas mon bien pour recompense;
S'il triomphe de moy, c'est pour peu de moments;
C'est en vain qu'Andromede a trahy ma constance;
L'Amour est avec eux en vain d'intelligence,
    Ie briseray ses nœuds charmants.
L'Hymen me livrera l'Ingrate qui m'offense:
Elle a veu ma douleur avec indifference;
Ie veux estre insensible à ses gemissements,
Et si je ne puis voir son cœur en ma puissance,
    Ie joüiray de ses tourments.
Heureux qui peut goûter une douce vengeance!
    C'est l'unique esperance
    Des malheureux Amants.
Il faut nous esloigner du Peuple qui s'avance,
Ce superbe Appareil, ces riches Ornements,
Tout icy de ma rage accroist la violence:
Allons haster l'éclat de nos ressentiments.

MEROPE & PHINE'E.

Heureux que peut gouster une douce vengeance.
    C'est l'unique esperance
    Des malheureux Amants.

SCENE TROISIESME.

Le Grand Prestre du Dieu Hymenée, Suite du grand Prestre, Cephée, Cassiope, Persée, Andromede, Troupe de Courtisans de Cephée, magnifiquement parez pour assister aux Nopces de Persée & d'Andromede.

Le Grand Prestre.

Hymen! ô doux Hymen! sois propice à nos vœux;
Viens unir ces Amants fidelles,
Viens les rendre à jamais heureux.
Pren soin de conserver leurs ardeurs mutuelles,
Allume en leur faveur les plus beaux de tes feux:
Que leurs Cœurs soient comblez de douceurs éternelles;
Qu'ils soient toûjours contents, & toûjours amoureux.

Charmant Hymen! que tes chaînes sont belles
Lorsque l'Amour en a formé les nœuds!
Hymen! ô doux Hymen! sois propice à nos vœux;
Viens unir ces Amants fidelles,
Viens les rendre à jamais heureux.

Le Chœur repete ces trois derniers Vers.

TRAGEDIE.

Les Ceremonies du Mariage de Persée & d'Andromede, que le Grand Prestre de l'Hymenée & sa Suite veulent commencer, sont interrompuës par Merope.

SCENE QVATRIE'ME.

MEROPE, & les mesmes Acteurs de la Scene precedente.

MEROPE.

Persée, il n'est plus temps de garder le silence;
   l'avois crû vouloir vostre mort;
Mais mon cœur avec vous est trop d'intelligence,
Et preste à me vanger, je ressens un transport
   Cent fois plus pressant & plus fort
   Que le transport de la vengeance.

Vostre Rival aproche, il en veut à vos jours,
   Mille Ennemis vous environnent,
Evitez leur fureur, servez-vous du secours
   Que les Dieux propices vous donnent;
Volez, & sauvez-vous par le milieu des airs,
Vous ne trouverez plus d'autres chemins ouverts.

PERSE'E.

Armons-nous, punissons l'audace des Rebelles.

H

MEROPE.

Sauvez-vous, profitez de mes avis fidelles.
C'est à fuïr seulement que vous devez songer.

PERSE'E.

Si les Dieux m'ont presté des ailes,
Ce n'est pas pour fuïr le danger.

SCENE CINQVIESME.

PHINE'E, Suite de PHINE'E, & les mesmes Acteurs de la Scene precedente.

PHINE'E & sa Suite.

Persée, il faut perir, meurs, & laisse Andromede
 Au pouvoir d'un heureux Rival.

CEPHE'E, PERSE'E, & leur Suite.

Perfides, recevez le chastiment fatal
 De la fureur qui vous possede.

Tous les Combattans.

Cedez, cedez à nostre effort ;
Vous n'éviterez pas la mort ;

Persée, Cephée & leur suite, poursuivent Phinée & sa suite.

TRAGEDIE.

CASSIOPE & ANDROMEDE.

Quelles horreurs! quelles allarmes!
Dieux! soyez touchez de nos larmes.

Tous les Combattans.

Cedez, cedez à nostre effort.
Vous n'éviterez pas la mort.

SCENE SIXIE'ME.

CEPHE'E, CASSIOPE, ANDROMEDE.

CEPHE'E parlant à Cassiope.

LE soin de vous deffendre en ces lieux me rapelle.
Craignez tout d'un Peuple rebelle;
Quel sang n'ose-t'il point verser!
Vn trait, que sur Persée on a voulu lancer,
A frapé vostre Sœur d'une atteinte mortelle.
Iunon, implacable pour Nous,
Anime les Mutins de son fatal couroux.
Leur rage croist, leur nombre augmente;
Persée en vain toûjours combat avec chaleur,
Que servent les efforts qu'il tente,
Le nombre tost ou tard accable la Valeur.

H ij

SCENE SEPTIÈME.

PHINE'E, sa Suite, PERSE'E, sa Suite, & les mesmes Acteurs de la Scene precedente.

PHINE'E & sa Suite.

Qu'il n'eschape pas, qu'il perisse
Cét Estranger audacieux
Qui pretend regner en ces lieux:

CEPHE'E, CASSIOPE, & ANDROMEDE.

Ciel! ô Ciel! soyez-nous propice!

PHINE'E & sa Suite.

Qu'il n'eschape pas, qu'il perisse.

CEPHE'E, CASSIOPE', & ANDROMEDE.

Deffendez-nous, ô justes Dieux!

PERSE'E parlant à ceux de son party.

Ne craignez rien, fermez les yeux
Ie vais punir leur injustice.

PERSE'E, Petrifie, Phinée & sa Suite, en leur montrant la teste de Meduse.

PERSE'E.

Voyez leur funeste supplice.

CEPHE'E, CASSIOPE & ANDROMEDE.

Quel prodige! quel changement!

TRAGEDIE.
PERSE'E.

La Teste de Meduse a fait leur chastiment.
Cessons de redouter la Fortune cruelle ;
  Le Ciel nous promet d'heureux jours.
  Venus vient à nostre secours,
Elle ameine l'Amour, & l'Hymen avec elle.
  Le Palais de Venus descend.

SCENE DERNIERE.

Venus, l'Amour, l'Hymenée, les Graces, les Amours & les Jeux. Cephée, Cassiope, Persée, Andromede, Troupe de Courtisans de Cephée, Troupe d'Ethiopiens & d'Ethiopiennes.

VENVS.

MOrtels, vivez en paix vos malheurs sont finis
Iupiter vous protege en faveur de son Fils,
A ce Dieu si puissant tous les Dieux veulent plaire
Et Iunon mesme enfin apaise sa colere.
Cassiope, Cephée, & vous heureux Espoux,
  Prenez place au Ciel avec nous.
  Les souverains Destins ordonnent
Que des Feux esclatants tousiours vous environnent.

Cephée, Cassiope, Persée & Andromede, sont eslevez dans le Ciel, & des Estoiles brillantes les environnent.

PERSE'E, TRAGEDIE.

Venus, l'Amour, l'Hymenée, & les Chœurs.

Heros victorieux, Andromede est à vous.
Vostre valeur, & l'Hymen vous la donnent.
La Gloire & l'Amour vous couronnent.
Fût-il jamais un Triomphe plus doux!
Heros victorieux, Andromede est à vous.

Les Courtisans de Cephée, les Ethiopiens & les Ethiopiennes, témoignent leur joye par leurs danses.

Fin du cinquiéme & dernier Acte.

PRIVILEGE DV ROY.

LOUIS par la Grace de Dieu Roy de France & de Navarre; A nos amez & feaux Conseillers les Gens tenans nos Cours de Parlement, Maistres des Requestes ordinaires de nostre Hostel, & du Palais, Baillifs, Seneschaux, leurs Prevosts & Lieutenans, & tous autres nos Justiciers & Officiers qu'il appartiendra; SALUT. Nostre bien amé Jean-Baptiste Lully, Sur-Intendant de la Musique de nostre Chambre, Nous a fait remonstrer que les Airs de Musique qu'il a cy-devant composez, ceux qu'il compose journellement par nos ordres, & ceux qu'il sera obligé de composer l'avenir pour les pieces qui seront representées par l'Academie Royale de Musique, laquelle Nous luy avons permis d'établir en nostre bonne Ville de Paris, & autres lieux de nostre Royaume ou bon luy semblera, estant purement de son invention, & de telle qualité que le moindre changement ou obmission leur fait perdre leur grace naturelle; de sorte que comme son esprit seul les produit pour les appliquer aux sujets qu'il y trouve proportionnez, nul autre ne peut si bien que luy rendre lesdits Ouvrages publics dans leur perfection, & avec l'exactitude qui leur est deuë. Et d'ailleurs, il est juste que si leur impression doit apporter quelque avantage, il revienne plutost à l'Auteur pour le recompenser de son travail, & de partie des frais qu'il avance pour l'execution des Desseins qu'il doit faire representer par ladite Academie, qu'à de simples Copistes qui les imprimeroient sous pretexte de Permissions generales ou particulieres qu'ils peuvent avoir obtenuës par surprises ou autrement; ce qui l'oblige d'avoir recours à nos Lettres sur ce necessaires. A CES CAUSES, Voulans favorablement traiter l'Exposant, Nous luy avons permis & accordé, permettons & accordons par ces presentes, de faire imprimer par tel Libraire ou Imprimeur, en tel volume, marge, caractere, & autant de fois qu'il voudra, avec planches & figures, tous & chacuns les Airs de Musique qui seront par luy faits, comme aussi les Vers, Paroles, Sujets, Desseins & Ouvrages sur lesquels lesdits Airs de Musique auront esté composez, sans en rien excepter, & ce pendant le temps de trente années consecutives, à commencer du jour que chacun desdits Ouvrages feront achevez d'imprimer, iceux vendre & debiter dans tout noftre Royaume, par luy ou par autre, ainfi que bon luy femblera, fans qu'aucun trouble ny empéchement quelconque luy puiffe eftre apporté, mefme par ceux qui pretendent avoir de Nous Privilege pour l'impreffion des Airs de Mufique & Balets, lefquels pour ce regard, en tant que befoin eft ou feroit, Nous avons revoqué & revoquons par cefdites prefentes; Faifant tres-expreffes inhibitions & deffenfes à tous Libraires, Imprimeurs, Colporteurs, & autres perfonnes de quelque qualité qu'elles foient, d'imprimer, faire imprimer, vendre & diftribuer lefdites Pieces de Mufique, Vers, Paroles, Deffeins, Sujets, & generalement tout ce qui a efté & fera compofé par ledit Lully fous quelque pretexte que ce foit, mefme d'impreffion étrangere & autrement, fans fon confentemēt ou de fes ayans caufe, fur peine de confifcation des Exemplaires contrefaits, dix mille liv. d'amende, tant contre ceux qui les auront imprimez & vendus, que contre ceux qui s'en trouveront faifis, & de tous dépens, dommages & interefts; à la charge d'en mettre deux Exemplaires en noftre Biblioteque publique, un en noftre Cabinet des Livres de noftre Chafteau du Louvre, & un en celle de noftre tres cher & féal Chevalier Garde des Sceaux de France, le Sieur d'Aligre, à peine de nullité des prefentes. Du contenu defquelles, vous mandons & enjoignons faire joüir l'Expofant & fes ayans caufe, plainement & paifiblement, ceffant & faifant ceffer tous troubles & empefchemens au contraire : Voulons qu'en mettant au commencement ou à la fin defdites Lettres l'Extrait des Prefentes, elles foient tenuës deuëment fignifiées, & qu'aux copies collationnées par l'un de nos amez & feaux Confeillers & Secretaires, foy foit adjoûtée comme à l'Original. Mandons au premier noftre Huiffier ou Sergent, faire pour l'execution des Prefentes, toutes fignifications, deffenfes, faifies, & autres actes requis & neceffaires, fans pour ce demander autre permiffion, nonobftant oppofitions ou appellations quelconques, dont fi aucunes interviennent, Nous nous en refervons & à noftre Confeil la connoiffance, & icelle interdifons & deffendons à tous autres Juges : CAR tel eft noftre plaifir. DONNE' à Verfailles le 20. jour de Septembre l'an de grace 1672. & de noftre regne le trentiéme. Signé, LOUIS. Et plus : Par le Roy, COLBERT. Et fcellé du grand Sceau de cire jaune.

www.ingramcontent.com/pod-product-compliance
Lightning Source LLC
LaVergne TN
LVHW021007090426
835512LV00009B/2131